Weil eine Welt mit Geschichten eine
bessere Welt ist.

Hersteller / Manufacturer (GPSR)
Storylution GmbH, Biberstraße 5, 1010 Vienna, Austria
E-Mail: story.one@story.one

Mariefu .

Hej Lappland!

Life is a story

schreib's auf
story.one

1. Auflage 2021
© Mariefu .

Herstellung, Gestaltung und Konzeption:
Verlag story.one publishing - www.story.one
Eine Marke der Storylution GmbH

Gesetzt aus Crimson Text und Lato.
© Fotos: iStock ClaMari

Printed in the European Union.

ISBN: 978-3-99087-965-8

***Für meine Söhne Jan und Till ***

Lasst eure Träume wahr werden...

INHALT

Godkväll...

12.02.2019: „Jetzt weiß ich, was los ist!" Till feiert heute in seinen 18. und hoppelt aufgeregt auf dem Stuhl. Er trägt eine Fellmütze, eine Sonnenbrille und hält einen Umschlag in der Hand. Gegenüber sitzt sein älterer Bruder, der schon eher zu wissen meint, was vor sich geht. Doch wissen sie es wirklich?

November 2018: „Hättest du Lust, mit mir eine Überraschungsreise nach Lappland zu planen, für Till zum 18.?" „Klar!" Jan zögert keinen Augenblick. Wir begeistern uns und planen los. Leider wird sein Urlaubsantrag abgelehnt. Meiner auch, so sage ich wenigstens, damit er nicht traurig ist. Was er nicht weiß: Es stimmt nicht. Und ebensowenig weiß er, dass ich heimlich mit seiner Chefin Kontakt hatte und sie den Urlaub bewilligt hat.

Die Tour steht schnell. Ziel ist Lappland mit allem, was es im Winter zu bieten hat. Zunächst muss ich aber den Aufenthalt bei Temperaturen von bis zu -28° C gut vorbereiten. Also besorge ich in drei Größen alles, was für Zwiebelschichten gebraucht wird: Handschuhe aus Baumwolle, Fleece und wasserdicht. Hosen aus Merinowolle, Fleece und wasserdicht. Als i-Tüpfelchen auch noch Fellmützen. Damit keiner von beiden Verdacht schöpft, lasse ich mir Ausreden einfallen, die logisch wären. „Probier mal die Skihose an, falls du mit deinen Freunden in die Skihalle möchtest. Deine alte ist zu klein." Und so weiter.

Der Antrag auf Schul-Befreiung geht auch heimlich durch. So werden Arbeitgeber, Lehrer und ich stillschweigend zum Team „Geheimnis-Hüter".

12.02.2019: Die Jungs sitzen am Tisch und ahnen nichts. Die Rakete ist verdampft und im Schwefeldunst lege ich 10 Umschläge auf den Tisch. „Was ist das?" „Lasst uns ein wenig spielen", antworte ich und sie stimmen zu. Till öffnet den ersten Umschlag. „Was bedeutet Godkväll?" Keine Ahnung, also wird die Suchmaschine bemüht. „Guten Abend?" Noch wissen sie nicht: es wird ein guter Abend- und der Morgen erst!

Alle Umschläge enthalten Rätsel rund um die schwedische Sprache, die Geografie, die möglichen Erlebnisse. Zwischendrin dürfen sie Päckchen öffnen, aus denen Wärmesohlen, Handschuhe und die Fellmützen hervorgehen. Bei Umschlag 8 glauben sie, nah an des Rätsels Lösung zu sein. „Machen wir irgendwann eine Reise in den Norden?" Moment mal, jetzt singen wir erst noch Happy Birthday, es ist 0 Uhr...

13.02.2019: Ein Umschlag bleibt noch übrig. Er ist größer als die anderen, ein Husky-Foto klebt vorne drauf. Jeder der beiden bekommt so einen und auf Kommando dürfen sie ihn aufreißen. Die Hautfarbe verändert sich, bei beiden. Sie schauen ungläubig. „Hä? Nein!?!?" „Doch!", sage ich und schicke sie in den Keller, wo ihre vorbereiteten Koffer stehen.

Vier Stunden später: Mit ratternden Kofferröllchen laufen wir in der klirrend kalten Februarluft am Flughafen zu Gate B. Noch an diesem Tag, dem 18. Geburtstag, landen wir nach einem Umstieg in Stockholm in Luleå am zugefrorenen Bottnischen Meerbusen, von dem meine Jungs das erste Mal im Leben hören- und sehen...

Hej Lappland!

„Was? Die soll ich anziehen?" Till steht entsetzt vor den Fellschuhen, die in Größe 46 wirklich klobig aussehen. „Okay, wenn sie dir nicht gefallen, probier sie wenigstens wegen der Größe." Passt! Natürlich verschweige ich ihm, dass sie Teil meines Geheimnisses sind und lasse sie verschwinden. Minus 26° C zeigt das aktuelle Wetter in Luleå an, er wird noch froh sein über warme Füße. So viele Geheimnisse habe ich angehäuft, dass ich fast platze. Alle Mitwisser - Nachbarn, Familie, Vorgesetzte und Lehrer- passen so wie ich auf, sich nicht zu verplappern.

Endlich Geburtstag. Die Köttbullar sind vertilgt, fast alle Rätsel gelöst. Wir singen und der letzte Umschlag bringt das Flugticket hervor. Voller Vorfreude packen wir die heimlich vorbereiteten Koffer fertig und bekommen die nächsten 4 Stunden vor Aufregung kein Auge zu.

Im Landeanflug auf Stockholm bietet sich uns ein ungewöhnliches Panorama. Eisschollen verteilen sich entlang der zerklüfteten Küste, Stadt und Land sind von Schnee überdeckt. Grobe graue Felsen lugen aus der weißen Landschaft, als wollten sie ihre Stärke unterstreichen. Am Flughafen finden wir uns gut zurecht und können zu Fuß die Gates wechseln. Auf den gemütlichen Sesseln nicken wir ein, die Nacht war lang.

Die Wolkendecke wird dichter, je mehr wir uns Luleå nähern. Turbulenzen erschrecken uns, der Kaffee hüpft auf meine Hose. Im Sinkflug verkrallen sich meine Hände im Schal. Plötzlich geht ein Raunen durch die Reihen. Wir schauen raus. Der Himmel reißt auf, strahlend blau liegt das schneebedeckte Flugfeld im gleißenden Scheinwerferlicht vor uns. Wow! Hej Lappland, wir kommen!

Die Jungs stapfen mit Turnschuhen über das verschneite Gelände zum Gepäckband. Es dauert eine Weile, bis wir unsere Koffer sichten. Jetzt aber schnell zur Autovermietung. Sie hat geschlossen, so wie alle Schalter an diesem Mini-Flughafen. Quer durch die Halle ertönt ein „Hej!" Ein junger Mann überreicht uns fröhlich den Autoschlüssel und wünscht uns „God helg!"

Wir laufen laut lachend durch die kalte Polarluft, balancieren über Schneehügel, die am Wegesrand zusammen geschoben liegen, und werfen Schneebälle. Nun bin ich froh, am Auto nicht gespart zu haben und fahre mit dem Allrad-Getriebe entspannt über die zugeschneiten Straßen.

Es wird schon dunkel, die dichten Kiefernwälder wirken mystisch. Schnell suchen wir noch einen Supermarkt und statten uns aus, bevor wir in die Siedlung am See abbiegen. Auf dem langgezogenen Weg brüllen die Jungs plötzlich: „Halt an!" Sie steigen aus und wollen im Scheinwerferlicht fotografiert werden. Eine ungewöhnliche und spaßige Szene, die wir nie vergessen werden.

Die Hütte im Wald ist gemütlich eingerichtet. Im Kühlschrank steht eine Geburtstagstorte, die der nette Vermieter organisiert hat. Die Baumwipfel biegen sich voller Schnee über den zugefrorenen See. Am anderen Ufer färbt sich der Himmel rötlich. Werden wir Nordlichter sehen? Ich lausche glücklich in die Stille.

Leben wie Pippi im Schnee

Der lange Weg durch die hohen Kiefern kann wegen der Schneemassen nur langsam befahren werden. Zwei weitere winzige Hütten, sonst gibt es hier kilometerweit nichts. Unendliche Stille, hier und da platscht der Schnee von einem Ast herab.

Die Veranda des Häuschens liegt im schwachen Schein einer alten Lampe. Das Auto passt so gerade in die frei geschaufelte Bucht, der Schnee ringsum ist so hoch wie das Auto selbst. Der Boden ist glatt, aber wir kämpfen uns lachend zur Haustüre durch. Ein gusseiserner Schlüssel steckt im Schloss, die Türe knarrt laut und eröffnet uns den Blick ins gemütliche Innere.

Wie kleine Kinder treibt es uns neugierig hinein und wir erkunden jeden Winkel. Sofort steht fest, welches Bett und welcher Sessel wem von uns die nächsten Tage gehört. Ich bekomme das gemütliche Sofa, auf dem selbstgenähte Patchworkdecken liegen. Auf einem kleinen alten Schränkchen befindet sich ein Korb mit Handarbeiten, in vielen Größen gibt es bunte Socken und Handschuhe. Ein handgeschriebener Brief lädt dazu ein, sich gegen einen kleinen Obulus daran zu bedienen.

Nachdem wir es uns in der kleinen Küche neben dem antiken Holzofen gemütlich gemacht haben, verspeisen wir die für Tills 18. Geburtstag organisierte Sahnetorte. An diesem Abend fallen wir glücklich in die Betten, während draußen die Schneehasen leise ums Haus tapsen und die Eisschicht über dem See im Mondlicht blau herüber scheint.

Am Morgen staune ich nicht schlecht, als ich einen Blick aus dem Fenster werfe. Ringsum versinkt alles im Schnee. Wir öffnen die Tür und saugen die frostige klare Polarluft ein. Schnell ziehen wir unsere Schnee-Anzüge und die Moonboots an. Während ich mit Schippe und Besen einen Gang freischaufele, fliegen mir die Schneebälle der Jungs um die Ohren. Sie tollen wie kleine Kinder im Schnee und seifen sich gegenseitig ein, bis sie keine Luft mehr bekommen.

Lachend und mit knallroten Köpfen lassen wir uns am Küchentisch nieder. Das Toast schmeckt wunderbar! Doch was ist das? Till wackelt mit den Füßen unter dem Tisch herum, er hat etwas entdeckt. Nach dem Frühstück räumen wir den Tisch und den Teppich beiseite.

Vor uns liegt eine große hölzerne Klappe mit Eisengriff. Wir schauen uns an. Sollen wir? Dürfen wir das? Ach, was soll's, die Neugier siegt. Vorsichtig lupfen wir die knarrende Klappe nach oben. Ein großes schwarzes Loch gibt den Blick auf einen bröseligen Steinboden frei. Langsam klettern wir hinunter, wie spannend. Jan leiht uns seine Handylampe und leuchtet in die dunklen Winkel. Was ist das? Ein Verlies? Unwillkürlich fallen mir die nordischen Krimi-Serien ein, die mir Zuhause wenig anhaben. Aber das? Ein Schauer läuft mir über den Rücken. Schnell verschließen wir die Klappe und lassen sie unter Tisch und Teppich wieder verschwinden.

Lieber buchen wir uns für morgen Abend die Saunahütte, danach müssen wir los. Ein besonderes Abenteuer wartet auf uns: eine Fahrt mit dem Eisbrecher auf dem zugefrorenen Bottnischen Meerbusen...

Arctic Explorer- Fahrt ins Eis

Alle Wege heißen 'Sandholmen', Hausnummern gibt es keine. Ein Anwohner fährt auf dem Schneemobil vorbei, ich frage ihn nach dem „Icebreaker?" Er lacht und zeigt mir, wo ich parken soll. Hier ist nichts los, ob er mich richtig verstanden hat? Zweifelnd ziehen wir uns um.

Da! Ein knalloranges Boot mit hohem, spitzen Bug zieht eine Spur ins dick gefrorene Eis. Tuuut! Meine Aufregung steigt. Es ist die „Arctic Explorer"! Schon von weitem winken sie: der Kapitän, eine Matrosin und zwei Matrosen. Herzlich begrüßen sie uns und bringen uns zur gemütlichen Kajüte. Warmer Fruchtsaft und Tee duften im Raum und vermischen sich mit dem Geruch des frischen Lacks, der Tische und Bänke glänzen lässt.

Plötzlich erobert eine lustige chinesische Reisegruppe alle Tische, auch unseren. Schnell kommen wir ins Gespräch und tauschen aus, woher wir jeweils kommen. Die Reiseleiterin kennt den Kapitän und sie nehmen sich lachend in den Arm. Der Kapitän erzählt uns mit ruhiger Stimme, was uns heute erwartet. Wir sollen überall auf dem Boot herumspazieren und jede offene Tür erkunden, sehr ungewöhnlich. Er beschreibt die Tour über den Bottnischen Meerbusen und wünscht uns viel Spaß, bevor er am Steuerrad verschwindet. Der Motor brummt, mein Herz schlägt. Wir nehmen Fahrt auf.

Schnell ziehen wir uns an: über die Fleecehose kommt meine Skihose, über den Fleecepulli die Strickjacke und darüber der Daunenmantel. Die Hände stecken in dreifach geschichteten Handschuhen und der Kopf verschwindet, bis auf die Augen, unter der Fellmütze. So schön eingemummelt verlassen wir die Kajüte und steigen über ein kniehohes Brett hinaus auf die glitschigen Schiffsplanken.

Vorsichtig bewege ich mich mit einer Hand an der Reling zum Bug. Immer wieder muss ich über die Reling hinab schauen. Mit groben Kratzgeräuschen zieht der Eisbrecher seine Spur hinaus auf das Meer. Das Eis wird in dicke Platten zersprengt und bäumt sich an der Bootswand auf. Das darunter liegende Eiswasser spritzt bis zu mir hoch, zum Glück kann es mir unter meinen warmen Schichten nichts anhaben.

Ich juchze laut vor Freude, die mich überwältigt. Titanic! An der Spitze des Bugs breite ich die Arme aus und lasse den eisigen Wind an mir vorüber streifen. Kein Wunder, dass sich die Freudentränen in meinen Augen in kleine Eisperlen verwandeln.

Zurück im Jetzt muss ich mal nach den Jungs schauen. Ich finde sie am Steuerrad, einer neben dem Kapitän, einer dahinter. Mit Interesse verfolgen sie seine Aktivitäten, der Kapitän freut sich und erklärt ihnen alles. Plötzlich fährt er einen großen Bogen im Eis, zwinkert uns vielsagend zu und sagt: „It's your Icepool!" Mit dem Arm macht er eine ausschweifende Bewegung in Richtung Eiswasser.

Nun wird es ernst. Soll ich das wagen? Traue ich mich im Eis zu schwimmen? Mein Herz hüpft mir fast aus der Fellmütze und gemeinsam suchen wir die warme Kajüte auf. Die Matrosin wartet schon auf uns, in der Hand hält sie unsere „Badeanzüge", knallorange wie das Boot...

„It's your pool"- sagte der Kapitän

Jetzt oder nie- ich muss mich entscheiden. Meine Jungs stehen in den knallorangen Anzügen vor mir. „Kannst du mir den Kragen schließen?" Die Hände sind, wie der Rest des Körpers, verpackt im dicken Neopren. Ob ich darin Platzangst bekomme? Wenn ich mich dumm anstelle, dann müssen die Matrosen mich aus dem Wasser hieven? Gestern habe ich mir Videos angesehen und versucht, mir die Technik des Hineingleitens und des Aussteigens am Schollenrand zu merken. In der Aufregung spüre ich nichts als Blackout.

Zwei knallorange Jungs waten fröhlich spaßend davon. „Bis gleich!", rufen sie mir zu. Die Matrosin steht vor mir und hält mir die Beinöffnungen unter die Nase. Sie zwinkert mir aufmunternd zu. Ich bin nicht die einzige, die zögert. Der Kapitän und ein Matrose haben die Eisschollen außerhalb des Boots, quasi den Poolrand, mit einer Gangway stabilisiert.

Wenn das mal alles gut geht. In mir kämpfen

Vernunft gegen Abenteuerlust, Angst gegen Risikobereitschaft.

Gerade als die Matrosin den Anzug weglegen will gebe ich ihr ein Zeichen und ziehe mich bis auf die Fleecekleidung aus. Der Anzug ist schwer, aber nicht so eng, wie ich befürchtet hatte. Nachdem meine Arme verstaut sind bin ich handlungsunfähig, zumindest was die Feinmotorik betrifft. Der Kragen wird geschlossen, das Überlebenstraining beginnt. Sicherer als gedacht bewege ich mich auf die Gangway und setze mich am Rand des Eispools nieder. Dann strecke ich die Füße aus. Aber was ist das?

Die Füße haben Auftrieb und gehen erst unter, als ich mit Muskelkraft nachhelfe. Langsam gleite ich in das eiskalte Wasser. Ich spüre für einen kurzen Augenblick, wie einige Tröpfchen davon durch den Anzug an meinen Rücken dringen und fröstele. Nur einen einzigen Moment, denn plötzlich wird alles leicht. So leicht. Ich lasse mich fallen.

Mit dem Blick zum weißbedeckten Himmel treibe ich im Eispool zwischen den Schollen, die sich vom Rand gelöst haben und die ich berühren kann. Der Matrose steht an der Seite und schiebt die Eisschollen immer wieder auseinander. Voller Genuss strahlen wir drei uns an. Was ist das für ein Erlebnis! So unglaublich cool, im wahrsten Sinne des Wortes. Die Anzüge wärmen uns, sogar Musik sorgt für fröhliche Stimmung.

Alle Bedenken fallen von mir ab wie tonnenschwere Steine, die im Meer versinken. Fort sind sie. Eine unglaubliche Leichtigkeit erfüllt jede Faser meines Körpers. In Zeitlupe drehen wir uns so zueinander, dass wir unsere Hände aneinander halten können und die Matrosin hält es mit der Kamera fest. Ein Moment für die Ewigkeit. Unvergesslich!

Ein Pfiff holt uns zurück. Wir sind die letzten, die aus dem Wasser steigen. Die Bilder vom Video sind wieder präsent und ich schaffe es ganz alleine, auf das Eis zu klettern. Die Jungs beenden das Erlebnis mit einer Schneeballschlacht auf dem Meer. Dann stellen sie sich Hand an Hand auf's Eis, zwei knallorange Männchen, und fallen auf ihr eigenes Kommando langsam auf den Rücken.

In der Kajüte duftet warmer Tee.

Snöspel, Blåbärskaka und Gammelstad

Völlig benommen von diesem Erlebnis sitze ich in der Kajüte und trinke warmen Tee. Ich habe es wirklich getan! Meine Glieder spüren noch immer der Leichtigkeit nach, die das Schwimmen im Eismeer in mir ausgelöst hat. Alles an mir schwebt mindestens drei Zentimeter über dem glänzenden Schiffsboden- Endorphine pur! Und das wird noch eine Weile so bleiben.

Während meine Fleecejacke auf der Heizung trocknet legen die Jungs eine Schleife auf ihr Video, das daraufhin wiederholt zeigt, wie sie in ihren orangen Neoprenanzügen rückwärts auf das zugefrorene Meer plumpsen. Es sieht wirklich lustig aus und wir können locker mit dem Gekicher der chinesischen Gruppe mithalten.

Wie jedes besonders schöne Erlebnis geht auch dieses viel zu schnell zu Ende. Die Crew steht an der Gangway und verabschiedet uns herzlich. Noch lange schauen wir der Arctic Explorer hinterher, viele Hände winken fröhlich im Kanon. Tuuut! Ein letzter Gruß schallt über die

Bottnische Bucht.

Bevor wir uns am Auto der dritten Schicht unserer Winterkleidung entledigen, inspizieren Till und ich noch ein wenig die Umgebung. Der hüfthohe Schnee ist einfach zu verlockend, um sich nicht wenigstens einmal darin zu versenken. Till ist eindeutig mutiger und steckt bis zum Bauch fest, ich bleibe bei meinen Schnee-Engeln. Leider zieht eine Warmfront über Nordeuropa und der Schnee tropft hörbar von den Bäumen.

Auf dem Weg nach Piteå halten wir in Pitsund, um einen Geocache zu loggen. Unsere Bemühungen, vor allem Tills kräftezehrender Klettereinsatz an einer vereisten Metallstange, versacken hoffnungslos im Schnee- weniger wegen der Höhe, als wegen unseres unaufhaltsamen Lachanfalls. In Piteå finden wir ein nettes Bistro. Es ist warm, duftet nach Kaffee und wir stärken uns mit Blåbärskaka und Kladdkaka.

Da wir noch Zeit haben besuchen wir am Rückweg das alte Luleå, die Gammelstad. Leicht bergan schlängeln sich verschneite Wege bis zur Kirche. Die unbewohnten roten Holzhäuser sind in viele Reihen und alle Himmelsrichtungen angeordnet. Über den Dächern neigt sich die Sonne und taucht das Dorf in ein unglaublich schönes, warmes Licht.

Die Jungs werden vom inneren Dorftroll zu einer heiteren Schneeballschlacht angeheizt und versenken sich gegenseitig in den Wehen, die sich an den roten Wänden aufbäumen. So kommen wir nur langsam voran und ernten die fröhliche Zustimmung anderer Besucher. Am Ende des Dorfes finden wir einen kleinen Laden, der viel Informatives über das Leben der Einheimischen anbietet. Mir gefallen die Schnitzereien und ich nehme hölzerne Buttermesser mit. An der Kirche fotografieren wir den Glockenturm durch unsere Finger, die ein Herz bilden.

Mit unseren erfüllten Herzen, der abflauenden Aufregung und in Erwartung eines entspannten Sauna-Abends fahren wir zurück zur Hütte am See. Die Warmfront lässt die Temperaturen unsanft steigen und ein Sturm zieht auf. Über der Hütte biegen sich die Kiefern gefährlich zu uns herab. Das Feuer glüht.

Saunaduft und Hitzewellen

In der Luft hängt ein unverkennbarer Geruch. Je mehr wir uns nähern, umso stärker nehmen wir ihn wahr. Hinter der letzten Kurve erblicken wir das verschneite Gelände am See. Unsere Hütte liegt auf einem kleinen Hügel und daneben stehen weitere Holzhäuser. Sie sind zurzeit unbewohnt.

Aus dem Rohr auf einer Hütte steigt Qualm und es duftet nach Kaminfeuer. Die Glut heizt unsere Sauna an. Schnell ziehen wir uns um und packen die großen Handtücher über den Arm. Mit Vorfreude schliddern wir in Latschen durch den Schnee zur Saunahütte. Der Vermieter hat Kerzen in Gläsern angezündet. Ein Sofa lädt zum Kuscheln ein und gibt den Blick auf den halb offenen Saunaofen frei. Er befindet sich wie ein Raumteiler zwischen dem Schwitzkasten und dem Ruheraum. Durch ein großes Fenster fällt der Blick auf- ja was ist denn das?

Mitten im Wald, auf der Veranda der Saunahütte, leuchtet in Regenbogenfarben ein sprudelnder Jacuzzi. Die Jungs springen direkt hinein, wozu erst in die heiße Sauna? Sie liegen grinsend im Jacuzzi, während mir im Schwitzkasten bei fast 100° C die Schweißperlen vom Kopf rinnen. Der Atem brennt und die Haut wird langsam krebsrot. Lange halte ich das nicht aus und flüchte nach draußen. Wo ist die Dusche? Ach was, erstmal abkühlen.

Die Tür lässt sich nur schwer öffnen, so sehr drückt der aufkommende Sturm dagegen. Doch dann stehe ich draußen. Meine Füße sind heiß und nackt. Mit einem kleinen Schrei springe ich in den eiskalten Schnee, packe die Hände voll und reibe mich damit ein. Feuer zu Eis, Eis zu Feuer. Die Kälte prickelt auf meiner überhitzten Haut wie pure Sektperlen. Nach diesem Spaß zieht es mich zum nächsten Vergnügen. Ich tapse zurück zur Dusche und auf die Veranda.

Dort eröffnet sich mir ein Bild für die Götter. Jan und Till sind nicht mehr allein. Viele Stimmen lachen in den Wind. Die Jungs halten ihre Smartphones über den Kopf und scherzen mit ihren Freunden, face-to-face sozusagen. Nun muss ich schwer aufpassen nicht ins „Gesichtsfeld" der fernen Voyeure zu rutschen.

Mein Blick hängt in den Kiefern, die sich im

Sturm scheinbar in den Jacuzzi beugen. Unter mir brodelt es gemütlich, über mir knarrt und knackt es bedrohlich. Die Jungs lassen sich davon nicht beeindrucken. Mir wird es zu ungemütlich und ich beschließe, noch einen zweiten Saunagang einzulegen. Langsam neigen sich die Flammen dem Ende zu und übrig bleibt die knallrote Glut, die ich schön durchgewärmt zurück lasse.

An diesem Abend stehe ich eine Weile an der offenen Terrassentür und lausche hinunter zum See. Heftiges Tauwetter hat eingesetzt, im Schnee bilden sich große Tropflöcher. Die Spur der Schneehasen hat sich verloren, an ihrer Stelle liegen jetzt abgebrochene Äste und herabgefallene Zapfen am Boden. Ein wenig sorge ich mich um die Huskys, denen wir morgen begegnen werden. Sie lieben die Kälte und arbeiten sich mit ihren Schlitten voll Energie durch den Schnee.

Ob die Schlittenfahrt bei diesen ungewöhnlichen Temperaturen überhaupt stattfinden kann?

Husky-Abenteuer

In mir sträubt sich alles. Das Thermometer klettert unaufhaltsam über Null. Der Schnee taut, was gar nicht nützlich und entgegen der Natur ist. Mauro und Anki von Luleå Adventures begrüßen uns herzlich und führen uns in die Kota. Im Hintergrund hören wir verhaltenes Gebell. In der Kota erklärt Mauro uns was wir anziehen sollen und nimmt uns mit zum Gehege.

Die Huskys sind bereits etwas unruhig. Sie scheinen zu wissen, was gleich passiert. Mauros Gesichtsausdruck ist eher besorgt. Er erklärt uns, dass die Tour bei nunmehr +6° C für die Schlittenhunde eigentlich viel zu anstrengend sei. Wir wollen auf jeden Fall, dass es den Hunden gut geht und für uns alle ist sofort klar, dass wir die geplante Tagestour abkürzen.

Mauro wird die Hunde gut beobachten und ihnen viele Pausen gönnen. Die Farmhelfer bereiten die Schlitten für uns vor. Wir bekommen eine Einweisung ins Bremsen, Lenken und zur Sicherheit. Jan bekommt einen Einzelschlitten, den er selbst lenken und bremsen muss.

Für sein Gewicht müssen 6 Huskys eingespannt werden und für den Zweierschlitten von
Till und mir benötigen wir die Zugkraft von 8
Huskys. Die Hunde brechen in überbordende
Freude aus, als die ersten von ihnen aus dem Gehege geholt und ins Geschirr eingespannt werden. Wir bekommen die Aufgabe zugewiesen, sie
so gut es geht zu beruhigen.

Till und ich stehen bei unseren ersten beiden
Hunden, einer ist sehr unruhig, der andere jung
und übermütig. Fotos zu machen ist gar nicht so
einfach, denn jetzt brauchen wir beide Hände,
um die Hunde zu halten und zu beruhigen. Immer wieder benötigen wir die Unterstützung der
Helfer. Till redet unermüdlich und die Huskys
schauen ihn erwartungsvoll an. Fortan nennen
wir ihn den „Hundeflüsterer". Das Gebell schallt
über das ganze Gelände und schwingt in unseren
Ohren. Im Hintergrund hören wir die rauhen
Rufe von Mauro, sie klingen wie „Kurräkurrä".

Als alle Hunde eingespannt sind und ihre Energie gebündelt vor unserem Schlitten nach Ab-
fahrt schreit, geht es los. Ich sitze vor Till, der unseren Schlitten lenkt. Meine Aufregung steigt, es
wird ernst. Mauro wird vorneweg fahren. Die
Hunde zerren an den fest verankerten Schlitten

und ich fürchte, es wird eine rasante Fahrt. Die Freude der Huskys ist nicht mehr zu bremsen. Mauro gibt das Startsignal und löst seine Bremse, die wie ein Anker aussieht. Wir machen es nach, dabei steht Till auf einem Trittbrett, das noch bremst. Los geht's, Till hebt die Füße an, das Trittbrett löst sich vom Boden und die Schlitten setzen sich in Bewegung.

Wow! Ich bin völlig geflasht von dem Gefühl, das sich in mir breit macht. So breit wie mein Grinsen. Mit dem zunehmenden Mut von Till, den Hunden freien Lauf zu lassen, wird der Luftzug im Gesicht stärker. Die Huskys kennen den Weg und rennen hinter Mauros Schlitten her. Es ist still geworden, sie sind in ihrem Element. Till und Jan, der hinter uns fährt, sind stolz. Alles läuft gut! Eingekuschelt in Felle genieße ich die Stille des Waldes.

Bis zu dieser Kurve...

Eine Ahnung von Freiheit

Die Huskys scheinen den Weg zu kennen. Hoch motiviert laufen sie durch den Wald, dessen Wege sich sanft heben und senken. Die Luft ist glasklar, aber leider zu warm. Schnell werden sie müde, ihre Last wiegt schwer. Mauro legt viele Verschnaufpausen ein, auch jetzt. Die Hundeschlittenführer müssen gut darauf achten, die Bremsen festzustellen und den Anker zu vergraben. Mauro vertäut die Gespanne zusätzlich an den Bäumen.

Nachdem wir uns wieder in Bewegung gesetzt haben nehmen die Huskys Tempo auf. Das Gelände neigt sich langsam bergab, der erste Schlitten zieht eine langgezogene Kurve um das Areal. Unsere Hunde wollen es besser wissen und nehmen die Abkürzung quer über den Hang. Der Schnee ist aufgrund der hohen Temperaturen weich und schwer. So macht es also einen Ruck und wir stecken fest.

Kein Rucken und Schieben hilft mehr, absteigen darf Till natürlich auch nicht. Also berappe ich mich und stehe auf. Um viele Kilos leichter stürmen die Huskys sofort weiter. Ich erwische den Schlitten gerade eben mit einem Fuß und plumpse erschrocken zurück ins Fell. Hinter uns passiert Jan dasselbe, zum Glück gibt es ja noch eine Helferin.

Wir gleiten dahin, ein Traum. Nadelbäume und Sträucher säumen den Weg, die Huskys ziehen uns freudig durch den Schnee. Das Schleifen der Kufen und das Atmen der Hunde sind die einzigen Geräusche, die wir hören. Immer noch aufgeregt sauge ich diese Atmosphäre auf und hoffe, möglichst viel davon mitnehmen zu können.

Hinter der nächsten Biegung öffnet sich die Weite der weißen Winterlandschaft über verborgenen Feldern und zugefrorenen Seen. Wir lassen uns entführen in eine Ahnung von wahrhafter Freiheit. Die Ehrfurcht vor der Natur und ihren Lebewesen lässt mich demütig dieses filmreife Szenario in meiner Seele speichern, für immer.

Es macht mich traurig, als Mauro und seine Helferinnen uns später erzählen, dass die ungewöhnliche Wärme ein großes Problem für die Tiere und die Vegetation im Norden bedeuten.

Der taunasse Boden wird wieder gefrieren und viele Tiere müssen verenden, weil sie im harten Erdreich keine Nahrung mehr finden.

Unterwegs treffen wir eine Gruppe, die uns mit Snowmobilen entgegen kommt. Freudig winken wir uns alle gegenseitig zu. Die Tour geht nach zwei Stunden zu Ende, obwohl die Huskys weiter laufen würden. Mauro erklärt uns, dass sie sich totlaufen würden, wenn man sie ließe. So kehren wir um, als es einfach genug für sie ist und ich bin froh, kein schlechtes Gewissen haben zu müssen.

Auf dem Hof spannen wir die Zugtiere aus und bringen sie ins Gehege. Wir dürfen es betreten und alles in Ruhe anschauen. Die Huskys haben es gut hier, bekommen ausreichend Futter und genießen viel Platz. Es wird langsam ruhiger, die Hunde ziehen sich zurück oder legen sich auf den Dächern ihrer Hütten in die Mittagssonne.

In der Kota wartet Anki auf uns, die am Feuer sitzt und eine kleine Mahlzeit für uns vorbereitet hat. Rentier?

Vom Feuer ins Eis

Unsere Mägen knurren schon und freudig schließen wir die Tür zum Husky-Gehege. Die Kota, ein rundes Gebäude aus Holz, liegt eingebettet in die weichen verschneiten Hügel auf der Husky-Farm. Es duftet und Rauch steigt aus dem Schornstein. Mauro winkt uns zu sich und öffnet die schwere Holztür. Nach der Schlittentour haben wir Riesenhunger und freuen uns auf das besondere Essen, welches von Anki bereits liebevoll auf dem Feuer zubereitet wird.

Was für uns ungewöhnlich und abenteuerlich ist, das ist für Anki und die Farmbewohner selbstverständlich und alltäglich. Die Kota mit ihren rustikalen Möbeln und dem hölzernen Geschirr wirkt einladend. Wir genießen es sehr, mit diesen netten Menschen rund um das offene Feuer zu sitzen. Anki lacht uns an, während wir erwartungsvoll schauen, was sie am Feuer brutzelt. Zwei junge Frauen helfen beim Servieren. Das Essen besteht aus etwas, das wie zerkleinerte Kartoffelklöße und Speck mit Sauce schmeckt. In dieser heimeligen und geerdeten Atmosphäre schmeckt es uns einfach hervorragend.

Die jungen Frauen sind nur auf Zeit hier und berichten fröhlich von ihrem Studium in Luleå. Ach, wär ich nochmal so jung wie sie! Beide wirken zufrieden und verstehen sich gut mit den Gastgebern. Da wir am Nachmittag wegen der wetterbedingt abgekürzten Schlittenfahrt noch nichts vorhaben, zählen sie uns vor der Verabschiedung einige lohnenswerte und „gut erreichbare" Ziele in der Umgebung auf. Insider-Tipps, wie wir später bemerken.

„Gut erreichbar" sind hier auch Entfernungen über mehr als 80 km, für die wir etwa doppelt so lange brauchen wie daheim. Das ist Lappland. Wir müssen wegen der schneeglatten Straßen langsam fahren und hoffen, noch etwas vom Storforsen-Naturreservat zu sehen. Am Straßenrand liegen pechschwarze Rinder im Schnee, ein lohnenswertes Foto.

Die Jungs nutzen die Pause für ein Nickerchen, ich genieße das ruhige Fahren durch die leicht hügelige Landschaft. Hinter jeder Anhöhe verbergen sich traumhafte Ausblicke in die beeindruckende Natur des Nordens. Daran kann ich mich kaum satt sehen und bedaure, dass wir nur einige Tage hier sind.

Das Gelände am Storforsen-Naturreservat ist teilweise steil und überall sehr glatt. Ein Panorama aus Schnee, Holzplanken, Bäumen, Felsen und Kunstwerken aus Eis liegt uns zu Füßen. Am Wegesrand stehen Warnschilder. Sie beschreiben die Beschaffenheit der Landschaft im Winter.

Verborgen unter Eis und Schnee befinden sich hier Gewässer, also auch Spalten, in die wir fallen könnten. Deshalb sollen Wanderer unbedingt auf den markierten Wegen bleiben. Wie spannend.

Wir entscheiden uns für einen Trampelpfad-Rundweg, an dem ich einen Geocache loggen möchte und den wir bis zur Dunkelheit eigentlich schaffen müssten. Eigentlich...

Wettlauf mit der Finsternis

Zu Beginn des Rundwegs, den wir am Nachmittag im Storforsen-Naturreservat betreten, sind die Wege noch gut mit Hölzern befestigt. An einer kleinen Hütte picknicken mehrere Familien. Genau hier liegt der erste Geocache, den ich nur mit Mühe, diversen Verrenkungen und dem verständnisvollen Grinsen der Umstehenden loggen kann.

Je weiter wir bergab laufen, umso lauter hören wir den Storforsen rauschen. Der Pfad wird zunehmend uneben und glitschig. Die Stromschnellen werden so laut, dass wir uns nicht mehr verstehen können. Sie bieten uns ein Bild, das wir wohl nie mehr vergessen werden. Die Wassermassen rauschen mit Getöse ins Tal und reißen alles mit, was sich ihnen in den Weg stellt. Zwischen riesigen eisigen Gebilden spritzt die Gischt meterweit in die Luft und sorgt auf diese Weise für weitere Eis-Kunstwerke.

Verwirbelungen von einem bis zum anderen Ufer zeigen die Gefahren an, die von diesem Gewässer ausgehen. Fasziniert von diesem Naturschauspiel stehen wir wie angewurzelt auf einer Plattform, von der wir alles gut überblicken können.

Einige junge Männer klettern übermütig bis an den Rand der reißenden Stromschnellen und testen lachend die Grenzen ihrer riskanten „Mutprobe" aus. Dabei stupsen sie sich gegenseitig an und jonglieren ihre Bierflaschen in den Händen. Mir ist das zu aufregend und mich zieht es weiter. Wenn nur nichts passiert, jede Hilfe käme hier zu spät.

Ein Stück höher findet Till neben einem Felsvorsprung ein tiefes betoniertes Loch und klettert schnell hinunter. Er passt genau hinein, es sieht sehr witzig aus. Langsam setzt die Dämmerung ein und wir laufen etwas schneller- so schnell es bergauf im vereisten Gelände eben geht. Und dann sind da ja auch noch die Geocaches, die ich unbedingt loggen muss.

Der Abstand zwischen den Jungs und mir wird unweigerlich größer. Sie bewegen sich deutlich schneller und sicherer voran. Mir wird mulmig bei dem Gedanken, dass sie mich abhängen könnten. Wir haben keine Taschenlampen und der Weg ist nicht beleuchtet. „Bitte wartet auf mich!", rufe ich ihnen keuchend hinterher. Am Waldrand bleiben sie dann endlich stehen.

Unsere Kondition ist an diesem Abend so ziemlich am Ende und mit schmerzenden Beinen bewältigen wir das letzte ansteigende Stück bis zum Auto- im Dunkeln. Zum Glück haben wir warmen Tee und Elchwürstchen von Tills Geburtstagsfeier eingepackt, sodass wir etwas ausruhen können.

Ursprünglich wären wir nicht so weit von Luleå entfernt gewesen. Die abgekürzte Schlittenfahrt hat uns zu diesem phänomenalen Ausflug verholfen, für den wir allerdings weit gefahren sind. Auf dem Rückweg benötige ich viele Pausen und so dauert die Fahrt zur Hütte fast drei Stunden. Morgen früh möchten wir auf jeden Fall fit sein, deshalb fallen wir sofort in die Betten.

In dieser Nacht soll es wieder schneien und eine weitere lange Fahrt steht bevor: auf die östliche Seite der Bottnischen Bucht nach Finnland. Dort erwartet uns in der Hafenstadt Kemi das Ice Castle...

Nordlicht-Alarm und Tiefschnee-Akrobatik

Es plingt. Schnell springe ich aus dem Bett. Auf diesen Ton warte ich seit drei Nächten. Die App plingt, wenn die Chance hoch ist Nordlichter zu entdecken. Also schnell die warme Jacke drüber und raus in die dunkle Nacht. Leider hilft alles Schauen und Warten nichts. Der Himmel ist wie am ersten Abend rötlich und mit tausenden Sternen übersät. Er bildet einen hübschen Kontrast zu den finsteren Kiefern. Keine Nordlichter, also kuscheln wir uns wieder ein.

Morgens sehe ich in der App, dass die Nordlichter nur an der Küste hunderte Kilometer weiter nördlich zu sehen waren. Nach dem sehr frühen Frühstück brechen wir in Richtung Finnland auf. Die Straßen sind nach dem Tauwetter stark vereist, hier wird nur zurückhaltend gestreut und so muss ich vorsichtig fahren. Meine Blicke streifen, soweit es während der Fahrt möglich ist, immer wieder von der Straße ab in die Landschaft und scannen das Panorama.

Plötzlich mein Schrei: „Da! Da! Da!"- vorbei.

Keine Möglichkeit zum Halten an der E4. „Ja was denn?", fragen die Jungs gelangweilt. „Da stand eine Elchkuh zwischen den Bäumen!"- ich bin noch ganz aufgeregt. Sie glauben mir natürlich nicht und schauen wieder auf ihre Handys.

An einem Abzweig an dem so ziemlich nördlichsten Punkt unserer Tour, in Bondersbyn, halte ich an. „Was jetzt?", fragt Till, als hätte er schon eine trübe Ahnung. „Hier gibt es einen Geocache, aber ich komme da nicht dran...", grinse ich ihn vielsagend an. „Oh nein, nicht schon wieder!", stöhnt er und begibt sich trotzdem auf die Suche. Vom Auto aus gebe ich ihm die Hinweise. Es hilft nichts, er muss in den tiefen, sehr tiefen, Schnee hineinwaten. Mühsam, aber lachend, kämpft er sich tapfer voran.

Der Cache liegt weit oben auf einem Hinweisschild. Till versucht alles, um ihn irgendwie zu angeln, während wir uns köstlich über seine Verrenkungen und Abstürze beim Stangenturnen amüsieren. Als er zurückkommt, bleibt er bis zum Bauch im Schnee stecken. Erschöpft gibt er auf, streckt seine Hand aus und ruft um Hilfe. Vor lauter Lachen können wir beinahe nicht fest genug anpacken. „Eins, zwei, drei!"- wir haben ihn zurück.

Die Strecke von Luleå nach Kemi beträgt 160 km. Bei diesen Straßenverhältnissen und meinen kleinen Ablenkungen benötigen wir fast drei Stunden, ehe wir den eher karg und schlicht wirkenden Ort erreichen. Viele Häuser sind Plattenbauten, wie wir sie aus den Siebzigern kennen. Doch unsere Freude auf das heutige Ereignis ist viel zu groß, um sie vom Erscheinungsbild der Stadt trüben zu lassen.

Wir nähern uns dem Platz, wo im Sommer Wohnwagen und Campingbusse mit Blick auf die Bottnische Bucht urlauben. Heute ist davon nichts auch nur zu erahnen, denn hier stehen ein Eis-Hotel in einem tonnenschweren weißen Schloss, ein Eis-Restaurant und eine Halle mit kunstvoll gestalteten Eis-Objekten. Ungläubig stehen wir vor den starken weißen Mauern, die im seichten Licht der Wintersonne mit dem zartblauen Himmel verschmelzen.

Ice Castle, wir sind da!

Elsa im Kristall-Saal

Die Zeitverschiebung in Finnland um eine Stunde vorwärts hat uns früh aus den Federn gelockt. Mittags stehen wir staunend vor den Gemäuern aus Schnee. Ein zarter Sonnenhauch schiebt sich über die Zinnen, das Licht verwebt die Konturen mit einem blauen Schimmer wie in einem zauberhaften Märchen. Ein lang gehegter Traum geht in diesem Augenblick für mich in Erfüllung.

„Mama, jetzt komm endlich!" Die Jungs fiebern dem Ereignis schon entgegen und laufen etwas zügiger als ich über den großen Parkplatz. Meine Augen bleiben immer wieder an der verwunschenen Kulisse hängen. Am Ende der Mauer liegt im gelben Sonnenschein der breite, zugefrorene See. Es beruhigt mich, dass wir später noch einmal hierher zurückkommen und eile den beiden hinterher zum Eingang.

„Wir haben solchen Hunger...", höre ich da ein Jammern. Klar, es duftet ja auch königlich von oben herab. Die Rezeptionistin lächelt und fragt, ob wir gerne am Buffet teilnehmen möchten. Typisch norrbottnische Spezialitäten- klingt nicht schlecht, also kaufen wir uns Essens-Marken und stiefeln hoch.

Meine Augen weiten sich, vor uns stehen Tische an einer voll verglasten Wand mit Blick auf die Bucht. Das Buffet ist sehr schmackhaft, wir genießen Fleischtöpfe und Blaubeerjoghurt. Nach einem Kaffee beschließen wir, zuerst die ganzjährige Ausstellung mit Eis-Skulpturen zu besuchen.

Eine Dame führt uns durch schwere Tore aus Metall. Dahinter schlägt uns die Kälte einer überdimensionalen Kühltruhe entgegen, während sich die Augen erst an das violett-blaue Licht gewöhnen müssen. Ein „Oha, was ist denn das?" und „Woah, ist das echt alles aus Eis?" geben unserer Verzückung den passenden Ausdruck.

Vorsichtig fühle ich mit den Fingern an einer glasklaren Wand entlang, die von Intarsien übersät ist und mit einem beschrifteten Bogen den Eingang ins Eis-Restaurant bildet. Hier können sich Gäste abends mit heißen Speisen an gläsernen Eis-Tischen verwöhnen lassen. Die fröstelnde Magie zieht uns in ihren Bann und wir wandeln zwischen den Tischen bis zur Bar, um dort auf Fellhockern einen Moment zu verweilen.

Beim Verlassen des Innenraumes streifen meine Fingerspitzen noch einmal am blau beleuchteten Eis-Gebilde entlang. Und sie tun das fortan immer wieder, als müsse ich mich vergewissern, dass es wahr ist, was ich hier sehe.

Auf dem Rundgang begegnen wir der Eisprinzessin, Elsa, die hier eindeutig das Regiment führt. Auf einem Thron sitzt der Froschkönig und bittet uns majestätisch auf ein Foto Platz zu nehmen. Die Krönung des kristallenen Saals bildet eine Rutsche, die wir natürlich nicht auslassen. In einem Eis-Turm klettere ich die enge eisige Wendeltreppe hinauf und auf „Achtung-fertig-los!" rutsche ich hinab. Mit lautem Juchhei gleite ich bis ans Ende der Eisbahn und komme vor Lachen kaum wieder auf die Beine.

Auf diese Weise fröhlich beschwingt verlassen wir den Kristall-Saal, wohlwissend, dass hinter den nächsten Toren weitere Überraschungen auf uns warten...

Hinter dicken weißen Mauern

Es drängt mich. Endlich will ich es von innen sehen. Wir überqueren den großen Platz, auf dem im Sommer Camping-Gäste schönste Aussichten auf das Bottnische Meer genießen. Im Winter stehen hier kleine runde Wohnwagen mit verglasten Dächern. Über dem halbrunden Portal lesen wir es, weiß auf weiß steht da geschrieben: Ice Castle 2019. Die schwere Tür öffnet sich knarrend. Dahinter verwandelt die eisige Kälte unseren Atem in Nebel, der zur bogenförmigen Decke schwebt. Alles ist weiß: Theken, Tische, Böden, Wände, Decken.

Hinter der Bar fliegt eine Hexe in luftiger Höhe, wir befinden uns im „Old Witch Café". Einzig die Hocker bieten mit echten Rentierfellen ein warmes Polster. Wenige Meter weiter gruselt uns ein Skelett, das kunstvoll in eine Eiswand gearbeitet ist, Eis in Eis. Jim Knopf und Lukas mit ihrer Eis-Lokomotive scheint dies aber wenig zu stören. Sie freuen sich über das begeisterte Kreischen der Kinder.

„Mama, hast du mal Kleingeld für uns?" Fragend schaue ich die Jungs an. „Komm schon!", betteln sie grinsend. Mit einer handvoll Cents ziehen sie davon und ich beobachte, wie sie Münze für Münze mit Spucke an ein Eis-Schwein kleben. Da mache ich natürlich mit, wer braucht es nicht, das Glück...

Tagsüber hat das Eis-Hotel seine Pforten als Museum geöffnet. In einem langen weißen Gang hängen kristallene Kronleuchter. Rechts und links treten wir in die Zimmer, in denen uns gruselige Gesellen begrüßen. Caspar zieht seinen Schweif bis senkrecht unter die Decke, Flaschengeister hauchen einigen Zimmern giftgrüne oder dunstblaue Atmosphäre ein. In blutrünstigem Rot erwartet „ES" seine Gäste mit Horror-Träumen. Fast bin ich ein bisschen froh, kein Bett gebucht zu haben- vermutlich hätte ich kein Auge zu bekommen...

Am Ende des Gangs lädt eine kleine Eiskapelle zum Ausruhen ein. Bänke aus Eis, mit Fellen belegt, erlauben durchzuatmen und die Beklemmungen abzulegen, die den Geistern zu verdanken sind. Ein kunstvoll geschnitzter Eis-Engel breitet die Schwingen über uns aus und stimmt versöhnlich. Trotzdem ist uns kalt.

Wir beschließen im „Old Witch Café" eine schöne warme Schoki zu trinken und setzen uns unter die Hexe. An der Theke suche ich die Karte. Auf einem Tablett stehen, einem Puppengeschirr ähnlich, sechs winzige Tassen und Gläschen mit einer Karaffe- aus Eis versteht sich. Die Getränkekarte steht stocksteif und vereist vor mir. Mit dem warmen Becher in der Hand genieße ich die Kontraste. Der Po wird wohlig gewärmt von Fellchen und die Ohren von den Fell-Mützen. Derweil beschlägt meine Brille vom Atem, unsere Gesichter frösteln rosig mit kirschroten Nasenspitzen.

Vor den Toren des Ice Castle wartet noch ein Geocache auf mich. Als wir an den gläsernen Wohnwagen vorbeikommen springen wir schnell hinein. Wäre jetzt Nacht, mit Nordlichtern natürlich. In diesem Augenblick formt sich ein neuer Reise-Traum…

Etwas traurig verlassen wir den letzten Höhepunkt unserer Reise, ohne zu ahnen, dass noch einer bevorsteht...

Abschied mit Rückenwind

Stop! Die Bremse quietscht. Schnell halte ich am Straßenrand der E4 zwischen Kemi und Luleå. Mitten auf der Straße lecken und knabbern Rentiere gemütlich im Schnee herum und stören sich nicht am Stau. Ich steige aus und beobachte die Tiere aus der Nähe. Sie zeigen sich davon unbeeindruckt. Glutrot versinkt die Sonne hinter ihnen in den schwarzen Bäumen.

„Was machen wir heute Abend noch?", fragt Jan, als wir weiter fahren. Mir fällt ein, dass die Mädchen auf der Husky-Farm vom Schlittschuhlaufen am Südhafen in Luleå erzählt haben. Ob wir das noch schaffen? Die Dämmerung bricht schon herein. Und wir haben keine Schlittschuhe. Eigentlich wollen die Jungs lieber chillen, sodass ich sie nur mühsam überzeugen kann. „Aber echt nur ganz kurz!", fordern sie.

Wir erreichen den Südhafen im Sonnenuntergang. Die Bucht ist zugefroren, das Licht der Dämmerung fällt durch einen alten, schwarz lackierten Hafenkran auf die eisigen Gehwege. Wir schlittern zwischen geschlossenen Marktbuden zu einem Steg, der abwärts zur Eisfläche führt. „Was sollen wir ohne Schlittschuhe jetzt hier machen?", fragt Till genervt.

Plötzlich rutschen junge Studentinnen und Studenten auf stählernen Gestellen mit Kufen lachend an uns vorbei. Sie sprechen einen Sprachenmix miteinander. Ich frage sie, ob wir diese Gestelle ausleihen können. Alle lachen, zeigen mit dem Arm auf die Fläche und sagen: „Hier dürft ihr euch, anders als in Deutschland, einfach alles nehmen! Und dann Spaß haben! Aber seid vorsichtig, der Wind bläst kräftig und die Schlitten werden sehr schnell!"

Aufgeregt suchen wir uns ein Gestell aus und stellen uns vorsichtig hinten auf die Kufen. Dann packt uns der eisige Wind und laut juchzend gleiten wir am hübsch beleuchteten Ufer von Luleå entlang. Zwischendurch üben wir vorsichtshalber das Bremsen, am Besten funktioniert bei mir Abspringen. Die Jungs sind mutiger als ich und lassen dem Rückenwind freien Lauf.

Wir begegnen Joggern, die hier auf dem glatt gefrästen Eis ihre Runden ziehen. Familien spielen miteinander und schieben Buggys über den zugefrorenen Botten. Der Rundweg verschwindet am Horizont hinter einer Insel. Wegen der einsetzenden Dunkelheit sehen wir davon ab, sie zu umrunden.

Die Jungs können sich kaum mehr trennen, diese Art der Fortbewegung ist für uns ungewöhnlich und höchst spaßig. Der Rückweg gegen den Wind lässt mein Gesicht erfrieren und völlig aus der Puste stellen wir die Schlitten wieder zurück.

Fröhlich und ausgelassen erreichen wir die Hütte am See. Bedauernd, aber glücklich, packen wir unsere Koffer für die Heimreise. Sie sind gut gefüllt mit unglaublichen Erlebnissen, netten Begegnungen und neuen Sehnsüchten. In dieser Nacht kann ich nicht schlafen. Gedankenversunken schwimme ich im Eis, höre das Bellen der Huskys und das Rauschen des Storforsen, wandele durch das Ice Castle und gleite auf dem blauen Eis in den Sonnenuntergang des Südhafens.

Nur die Nordlichter bleiben aus, für's nächste Mal?

Lappland und das Drumherum...

„Wieso kaufst du mir diese Schuhe? Die ziehe ich nicht an!" Mein Herz schlägt freudig, während Till in alten Sneakern schimpfend vor mir steht und an meinem Verstand zweifelt. „Ich dachte nur, bald ist Winter und dann könntest du vielleicht ein paar feste Schuhe gebrauchen?" „Aber doch nicht solche!"

Okay, verstehe ich ja, du kannst nicht wissen, dass wir bald im Schnee versinken werden. „Probier sie trotzdem mal an, dann wissen wir für die nächsten welche Größe richtig wäre." Gesagt, getan und passt. Damit verschwindet der erste Teil unserer Ausrüstung heimlich im Keller.

Nächtelang surfe ich unbeobachtet im Internet, um unsere Lapplandreise zu planen. Zunächst sind es nur vage Ideen, die sich allmählich wie die Teile eines Puzzles zusammen fügen. Das Spannendste ist am Ende die Buchung, die auf mehreren Seiten parallel läuft. Erst checken, dann klick-klick-klick und die Reise steht.

Zuerst weiß nur ich davon, später die Großeltern, Geschwister, Nachbarn, Freunde, Schule, Kolleginnen und die FH. Die Mitreisenden, meine Jungs, ahnen nichts. Zwischen November und Februar liegt eine Zeit voller Geheimnisse, die meine innere Lachmuskulatur mehrfach beinahe sprengt.

Um den vorausgesagten Minusgraden trotzen zu können, müssen wir uns im 3-Schicht-System bekleiden. So besorge ich, unter frei erfundenen Ausreden, 3x3 Paar Handschuhe, Fleecepullis und Funktionswäsche. Einfach sind nur die Wollsocken- Größen bekannt. Der Kellerschrank füllt sich mit Wärmeeinlagen für Hände und Füße, Sonnenbrillen, Sturmhauben und, spaßeshalber, Fell-Mützen für alle.

Ein Geburtstagsmenü muss noch her, die Idee kommt im schwedischen Kaufhaus: Köttbullar mit Preiselbeeren, was sonst. Außerdem kommen Elchwürstchen auf den Tisch, die wir später als Proviant in die Rucksäcke packen.

Wie oft ich mich bis zum 18. Geburtstag beinahe verplappert hätte kann sich jeder denken. Am Vorabend des Geburtstags, den liebe Freunde mit uns teilen, lüftet die Lösung von 10

Schweden-Rätseln das bevorstehende Abenteuer. Überraschung gelungen! Ein Traum wird wahr...

Das Erstaunen nimmt kein Ende- bis heute. Zwei Jahre später sitzen wir am Tisch: „Ich möchte so gerne nochmal länger nach Luleå." „Genau, einfach so, vor allem auf dem Eis schlittern." Die Erinnerung bleibt...

Mein ganz besonderer Dank gilt den Menschen, die uns diese Reise ermöglicht haben: Frau M.M. als Ausbilderin von Jan, die mit ihrem Team beschied, dass Wesentliches manchmal wichtiger ist, als die Einhaltung von Regeln. Und dem Berufskolleg Neandertal für die Freistellung von Till vom laufenden Schulbetrieb. Nicht zuletzt den lieben Nachbarmädels, die sich um unsere Tierchen kümmern, während wir die Welt entdecken.

Und allen, die das Geheimnis bewahrt und mit mir gelacht haben, bevor ich platze...

„Der Geruch nach warmem Fruchtsaft, Tee und Lack, der Anblick gesprengter Eisschollen, die Gischt des Eismeers- da verwandeln sich Freudentränen in kleine Eisperlen..."

Mariefu .

Die Autorin, geb. 1963 im Rheinland, hält ihre Erinnerungen in Kurzgeschichten fest, beschreibt Erlebnisse von Reisen, persönliche Gedanken und Erfahrungen aus dem wahren Leben. Neben einigen Podcast-Lesungen hat sie folgende Bücher veröffentlicht: (#MeinCoronaFrühling- Voll auf die Bremse ISBN 978-3-99087-155-3)/ (Lebe! Liebe! Reise weiter... ISBN 978-3-99087-181-2)/ (Deutschlandreise-Augen auf und durch... ISBN 978-3-99087-297-0)

Alle Storys von Mariefu . zu finden auf
www.story.one

schreib's auf
story.one

Viele Menschen haben einen großen Traum: zumindest einmal in ihrem Leben ein Buch zu veröffentlichen. Bisher konnten sich nur wenige Auserwählte diesen Traum erfüllen. Gerade einmal 1 Million publizierte Autoren gibt es derzeit auf der Welt - das sind 0,013% der Weltbevölkerung.

Wie publiziert man ein eigenes story.one Buch?

Alles, was benötigt wird, ist ein (kostenloser) Account auf story.one. Ein Buch besteht aus zumindest 15 Geschichten, die auf story.one veröffentlicht werden. Diese lassen sich anschließend mit ein paar Mausklicks zu einem Buch anordnen, das sodann bestellt werden kann. Jedes Buch erhält eine individuelle ISBN, über die es weltweit bestellbar ist.

Auch in dir steckt ein Buch.

Lass es uns gemeinsam rausholen. Jede lange Reise beginnt mit dem ersten Schritt - und jedes Buch mit der ersten Story.

#livetotell

Zeitfracht Medien GmbH
Ferdinand-Jühlke-Straße 7
99095 Erfurt, Deutschland
produktsicherheit@kolibri360.de